NÉCESSITÉ

d'une

COMPTABILITÉ RÉGULIÈRE

*par suite du Droit d'Investigation
de l'Administration des Finances
—— chez tous Commerçants, ——
Industriels ou Sociétés faisant
un chiffre d'affaires supérieur
—— à 50.000 francs ——*

—— PUBLICATIONS ——
DE LA SOCIÉTÉ FIDUCIAIRE
—— DE PARIS ——
55, BOUL. MALESHERBES

Du Droit d'Investigation de l'Administration
des Finances chez tous Commerçants,
Industriels & Sociétés faisant un chiffre
d'affaires supérieur à 50.000 francs.

Du droit d'investigation de l'Administration des Finances chez tous commerçants, industriels et sociétés faisant un chiffre d'affaires supérieur à 50.000 fr.

Article 32

Pour permettre le contrôle des déclarations d'impôt et la recherche des omissions ou des fraudes qui auraient pu être commises dans le délai de la prescription, tout commerçant faisant un chiffre d'affaires supérieur à 50.000 fr. par an, est tenu de représenter à toute réquisition des agents du Trésor, ayant au moins le grade de contrôleur ou d'inspecteur-adjoint, les livres dont la tenue est prescrite par le titre II du Code de commerce, ainsi que tous livres et documents annexes, pièces de recettes et de dépenses, etc...

Le refus de communiquer les livres ou leur destruction avant le délai fixé à l'art. II du Code de commerce sera constaté par un procès-verbal et soumis aux sanctions établies par l'article 5 de la loi du 17 avril 1906.

COMMENTAIRE

I. -- Généralités

C'est là une disposition d'une importance capitale. Elle a été votée sans discussion. Il est à présumer que la plupart des parlementaires n'en ont pas apprécié la portée, sans quoi ils auraient soulevé des objections contre un vote aussi rapide.

Grâce à cette disposition, l'Administration va resserrer les mailles du filet dans lequel se trouve pris le contribuable. Le droit d'investigation qui lui est donné est une conséquence inéluctable de l'impôt personnel qui nécessite un contrôle sérieux des déclarations des contribuables pour donner le maximum de rendement. Mais c'est une arme terrible, dont il ne convient d'user qu'avec les plus grands ménagements, si l'on veut éviter la divulgation possible des secrets du commerce, et une violation trop outrée de la liberté individuelle.

Jusqu'ici, les sociétés par actions, les compagnies d'assurances, assureurs et entrepreneurs de transports, étaient seuls assujettis au contrôle de l'Administration, et ce contrôle ne pouvait être exercé que par les agents de l'Enregistrement dans le seul but d'assurer l'exacte application des lois sur le timbre, l'enregistrement et l'impôt sur le revenu.

Ultérieurement, le droit d'investigation a été étendu aux banquiers, mais avec une portée plus restreinte, le contrôle ne pouvant être utilisé, dans ce cas, qu'en vue d'un impôt ou d'une opération nettement déterminés : impôt sur les opérations de bourse, — taxe sur le revenu des valeurs mobilières étrangères, — exportation des capitaux.

L'administration des Contributions directes s'était bien efforcée d'obtenir le droit de communication chez tous les assujettis à l'impôt sur les bénéfices commerciaux et industriels, pour contrôler l'établissement de cet impôt.

Elle avait même obtenu, par l'art. 3 de la loi du 25 juin 1920, que toutes les personnes et sociétés assujetties audit impôt fussent obligées, non seulement à déclarer avant le 1er avril de chaque année, leur chiffre d'affaires pendant l'année précédente, quand il dépasse 50.000 fr., mais encore à fournir, sur première réquisition, toutes justifications nécessaires à l'appui de leur déclaration.

La nouvelle disposition a une portée générale. Tout en laissant subsister le droit de contrôle tel qu'il existait auparavant, elle étend

ce contrôle à toutes les entreprises industrielles
et commerciales dont le chiffre d'affaires annuel est supérieur à 50.000 fr. et confère le droit
de contrôler à tous les agents du Trésor ayant
au moins le grade de contrôleur ou d'inspecteur-adjoint, alors que jusqu'à maintenant,
seuls les agents de l'Enregistrement pouvaient
exercer ce droit d'investigation.

II. -- Personnes soumises au nouveau contrôle

Ce sont, sous la seule condition que leur
chiffre d'affaires annuel dépassé 50.000 fr., toutes les personnes morales ou physiques, aux-
quelles le caractère de « commerçant » est reconnu par la loi, parce que leur profession habi-
tuelle est de faire des actes de commerce, au
sens reconnu à ce mot par les art. 632 et sui-
vants du Code de commerce.

Une première difficulté pour l'Administration
est de déterminer le chiffre d'affaires limite
(50.000 fr. par an) en deçà duquel elle ne peut
exercer le nouveau droit de contrôle.

Elle prendra vraisemblablement comme base
le chiffre d'affaires, tel qu'il est défini pour
l'application de l'impôt sur les bénéfices commerciaux et industriels, sans tenir compte des

exonérations ou exemptions prévues pour certaines affaires en matière d'impôt sur le chiffre d'affaires.

Mais sera-ce le chiffre d'affaires de l'année précédant la vérification, — de l'année même de la vérification, — ou la moyenne annuelle du chiffre d'affaires pendant une période à déterminer (3 ou 5 ans) antérieure à la vérification ?

Aucune précision n'est donnée sur ce point.

Il est à présumer que l'administration se basera sur les déclarations antérieures faites par les contribuables en vue de l'établissement de l'impôt sur les bénéfices commerciaux et industriels, pour déterminer quels sont les contribuables sur lesquels son droit de contrôle pourra s'exercer.

Si une entreprise possède plusieurs établissements ou succursales, le chiffre limite de 50.000 paraît s'appliquer à l'ensemble des établissements ou succursales et non à chacun d'eux.

En d'autres termes, pour être soumis au nouveau droit d'investigation, il n'est pas nécessaire que chaque agence ou succursale fasse un chiffre d'affaires distinct supérieur à 50.000 fr. Il suffit que le chiffre d'affaires déclaré par le principal établissement pour l'ensemble de l'entreprise en vue de l'application de l'impôt sur les bénéfices commerciaux, dépasse 50.000 francs.

Sous cette condition unique, toutes personnes, toutes entreprises commerciales ou industrielles, toutes sociétés à qui la qualité de commerçant peut être reconnue sont assujetties au nouveau contrôle.

Il en est ainsi notamment de :

1° Du commerçant, proprement dit ;
2° Des industriels ;
3° Des agents d'affaires, courtiers, etc... ;
4° Des banquiers ;
5° Des Sociétés commerciales, quelle que soit leur forme (anonyme, commandite par actions, commandite simple, en nom collectif) ;
6° Des entreprises de mines, qui doivent être considérées comme des « Commerçants », par application de l'art. 5 de la loi du 9 septembre 1919.

Par contre, échappent au droit de regard de l'administration, tous les non-commerçants, quels qu'ils soient et notamment ceux qui exercent des professions libérales : notaires, avoués, médecins, architectes, artistes dramatiques, etc.

III. -- Etendue de la communication

Le droit de communication porte sur « les livres dont la tenue est prescrite par le titre II du Code de Commerce, ainsi que tous livres et documents annexes, pièces de recette et de dépense, etc... »

L'énumération est énonciative et non limitative. Elle comprend : le livre-journal, le livre des inventaires, le copie de lettres et tous actes et pièces comptables.

C'est dire que le droit d'investigation s'étend à tous livres ou documents de comptabilité et à toutes pièces s'y rattachant, ainsi que cela résulte d'une jurisprudence bien établie pour le droit de communication reconnue aux agents de l'Enregistrement dans les Sociétés par actions et qui présente, quant à son étendue la plus grande analogie avec le nouveau droit de contrôle.

IV. -- Agents pouvant exercer ce contrôle

Ce ne sont pas seulement les agents de l'enregistrement, mais tous les agents du Trésor ayant au moins le grade de contrôleur ou d'inspecteur-adjoint.

Tous les Agents du ministère des finances, en possession de ce grade, peuvent donc user du droit de communication, qui est ainsi reconnu aux contrôleurs et inspecteurs-adjoints ou autres employés supérieurs appartenant aux administrations de l'Enregistrement, des Contributions indirectes, des douanes, etc... et aussi aux inspecteurs des finances qui, jusqu'ici, n'avaient pas ce droit.

V. — Dans quelles limites la communication peut être demandée et utilisée

1° La communication doit être faite à *toute réquisition des agents du Trésor* sans aucune limite en ce qui concerne, tant le nombre des investigations possibles qui peuvent être sans cesse répétées ou renouvelées au gré des agents vérificateurs, — que les années sur lesquelles la vérification peut porter. Toutefois, il est loisible aux assujettis sans encourir aucune peine, et en vue de mettre un terme au droit d'investigation des Contrôleurs du Trésor, — de détruire leurs livres après le délai fixé à l'art. 11 du Code de commerce, c'est-à-dire au bout de dix ans.

Mais, même après l'expiration de ce délai, la représentation ne pourrait être valablement refusée, si les livres et documents n'avaient pas été réellement détruits.

2° La loi précise que la communication est imposée « pour permettre le contrôle des déclarations d'impôt et la recherche des omissions ou des fraudes qui auraient pu être commises dans le délai de la prescription ».

L'utilisation des documents communiqués ne peut donc avoir lieu que dans un but fiscal. Elle n'a pas d'autres limites.

Il s'ensuit que les livres et pièces représentés peuvent servir à contrôler toutes les déclarations fiscales, quelles qu'elles soient, sans exception aucune, et, notamment les déclarations faites en vue de la liquidation :

a) De l'impôt sur les bénéfices commerciaux et industriels (bénéfice net ou chiffre d'affaires);

b) De l'impôt global sur le revenu :

c) De la taxe spéciale sur le chiffre d'affaires;

d) Des droits de mutation par décès, etc...

Peuvent-ils être utilisés également pour le contrôle de tous les impôts qui se paient autrement que sur déclarations et, en particulier, des droits de timbre (actes, quittances, etc.) ?

L'affirmative paraît s'imposer, puisque la représentation est ordonnée, pour permettre, non seulement « le contrôle des déclarations d'impôt » mais aussi « la recherche des omissions ou des fraudes », et que, ne pas timbrer ou timbrer insuffisamment un acte ou une quittance constitue incontestablement une omission ou une fraude fiscale.

Nous croyons devoir signaler tout particulièrement une conséquence importante de la nouvelle disposition en ce qui concerne l'etablissement de l'impôt cédulaire sur les bénéfices commerciaux et industriels.

Les personnes et sociétés assujetties à cet impôt et qui ne rentrent pas dans la catégorie visée à l'art. 4 de la loi du 31 juillet 1917, c'est-à-dire toutes entreprises commerciales ou industrielles qui ne sont pas constituées en sociétés par actions ou qui ne sont pas passibles de la contribution extraordinaire de guerre, ont le choix de se faire taxer, soit sur leur bénéfice net en produisant le relevé de leur compte « Profits et Pertes » soit sur leur chiffre d'affaires, par application à ce chiffre d'affaires d'un coefficient déterminé.

Ce dernier mode n'avait été prévu que pour permettre aux intéressés de n'avoir à montrer au fisc que les éléments justificatifs de leur chiffre d'affaires, à l'exclusion de tous autres livres ou documents comptables.

Or, du moment où le contrôleur peut se faire représenter tous les registres et pièces de comptabilité, la taxation par application au chiffre d'affaires d'un coefficient déterminé perd la plus grande partie de son intérêt puisque, après examen des livres, l'agent taxateur pourra appliquer au chiffre d'affaires un coefficient tel que le produit obtenu se rapproche sensiblement du bénéfice net réellement obtenu.

Dans l'avenir, tous les contribuables auront donc intérêt à tenir une comptabilité aussi régulière que possible et leur permettant de déduire, en fin d'exercice, le bénéfice net à déclarer pour l'établissement de l'impôt sur les bénéfices commerciaux et industriels.

VI. -- Sanctions

Le refus de communication des livres ou leur destruction avant le délai fixé à l'art. 11 du Code de Commerce, c'est-à-dire avant dix ans, est constaté par un procès-verbal et soumis aux sanctions établies par l'art. 5 de la loi du 17 avril 1906.

Ces sanctions consistent dans une amende de 1.000 à 10.000 francs en principal et, au cas d'instance, dans une amende de 100 francs au maximum par chaque jour de retard qui commencera à courir de la date de la signature par les parties ou de la notification du procès-verbal dressé pour constater le refus d'exécuter le jugement régulièrement signifié et qui ne cessera que du jour où, au moyen d'une mention inscrite par un agent de contrôle sur un des livres de l'établissement, il sera constaté que l'administration a été mise à même d'obtenir la communication ordonnée.

VII. -- Conclusion

La possibilité par les agents du fisc de procéder à tout moment à une vérification des livres et pièces comptables, en vue de relever toutes omissions, fraudes et contraventions fiscales, impose à tous commerçants, industriels, et sociétés, l'obligation de tenir une comptabilité parfaitement régulière et de soumettre cette comptabilité à un contrôle préventif d'agents spécialisés que nous tenons à leur disposition.

Ce contrôle préventif aboutira à la régularisation, avant le passage de l'agent du fisc, de toutes déclarations ou pièces irrégulières au point de vue fiscal, évitera toute inquisition prolongée des contrôleurs du Trésor, supprimera toutes contraventions involontaires, permettra aux intéressés de se débarrasser de tout souci à cet égard, et de consacrer toute leur activité à l'objet principal de leur entreprise.

www.ingramcontent.com/pod-product-compliance
Lightning Source LLC
LaVergne TN
LVHW010110060726
842524LV00006B/2432